KB212635

수상스키 타러 간
여우늘보

루하우스

창조와 지식

수상스키 타러 간
여우늘보

루하우스

창조와 지식

등장인물 소개

어릴때부터 물을 좋아해 여름이면 물가에 사는 하루.
스쿠버 다이빙이나 웨이크 서핑, 수상스키 타는 걸 좋아함

하루가 물에 빠지면 몸을 사리지 않고
바로 물로 점프하는 대범한 여우

(견종 : 스피츠)

빠지 도착하는 순간, 총총총 여기저기
간식 얻어 먹으러 다니느라 바쁜 늘보

(견종: 포메라니안)

화창한 여름날!

여우늘보는 아침부터

창밖을 바라봐요.

오늘은 어딘가

놀러 가고 싶은가 봐요.

여우늘보~!
언니 수상스키 타러 갈 건데
같이 갈까?

왈왈

하루는 어릴 때부터 물을 좋아해서
수영도 좋아하고 스쿠버 다이빙도 즐겨요.

매년 여름이 오면
수상 스키도 즐겨 타지요.

자~ 그럼!

수상스키 타러 출발해 볼까요~

♫♪

떠나요~ 셋이서~

모든 걸 훌훌 버리고

신나게 수상스키 타러 가요~

여우늘보는 구석구석 돌아다니며 인사 하느라

정신이 없어요.

여우늘보와 하루는

함께 수상스키를 탔어요.

여우늘보와 하루는

맛있는 간식도 먹고

달콤한 낮잠도 자요.

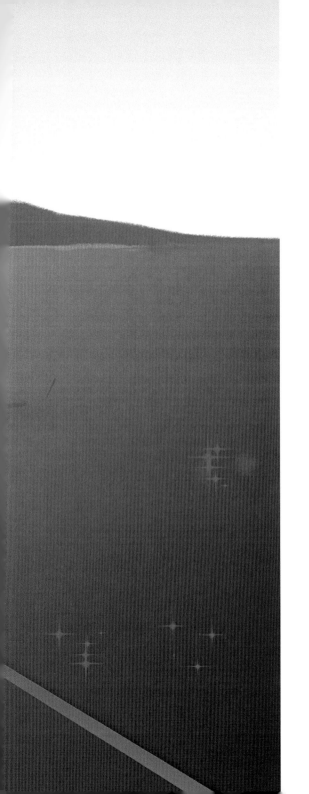

어느새 해 질 녘이 되었어요.

석양이 아름다운 시간,

하루는 다시

수상스키를 타러 나갔어요.

수상스키를 타고 들어오니
사람들이 모여서 웃고 떠들고 있어요.

무슨 일이지?

여우에게 눈썹이 생겼어요!

하루와 늘보도
눈썹을 선물 받았어요.

여우늘보,

우리 내일은 어디갈까?

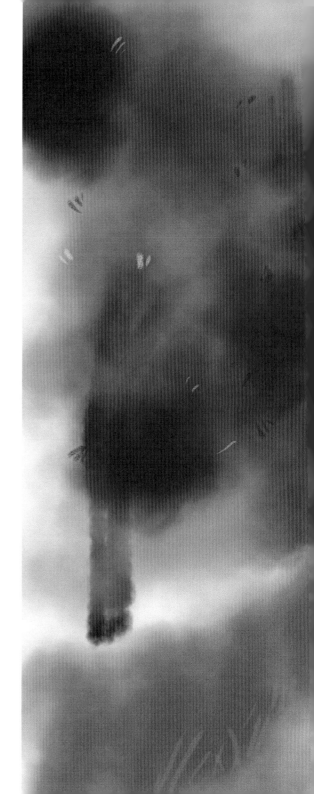

수상스키 타러 간 여우늘보

초판 인쇄일 2020년 10월 10일
초판 발행일 2020년 10월 15일

글 루하우스
그림 홍미금
출판기획 동화스퀘어
편집장 박하루
디자인 김송이
이메일 haru@harulab.com

발행처 창조와지식
출판등록 제2015-000037호
주소 서울시 강북구 덕릉로 144

ISBN 979-11-6003-253-6(77800)
정가 18,000원

동화스퀘어는 (주)하루랩의 창작 동화 브랜드 입니다